Inhalt

Made in Germany - Qualität ist immer noch ein Wettbewerbsvorteil für Deutschland

Kernthesen

Beitrag

Fallbeispiele

Weiterführende Literatur

Impressum

Made in Germany - Qualität ist immer noch ein Wettbewerbsvorteil für Deutschland

I.Zeilhofer-Ficker

Kernthesen

- Made in Germany ist weltweit als Garant für hohe Qualität anerkannt und gefragt.
- Eine ganze Reihe von Unternehmen hat in Krisenzeiten die Fertigung nach Deutschland zurückgeholt, weil sie hier flexibler handeln und schneller reagieren können.
- Dabei ist Made in Germany handelspolitisch gesehen kein geschützter Begriff.

- Beim TÜV Nord kann man sich seit kurzem das Made in Germany als Herkunftsnachweis zertifizieren lassen.

Beitrag

Made in Germany - als Makel gestartet, als Qualitätsgarant berühmt

1887 wurde in Großbritannien mit dem Merchandise Marks Act bestimmt, dass alle deutschen Waren die Kennzeichnung Made in Germany zu tragen hatten. Dadurch sollten die britischen Verbraucher schnell erkennen können, dass es sich um Produkte handelte, die nicht in Großbritannien produziert worden waren. Eigentlich wollten die Briten dadurch den vermeintlich minderwertigen Kopien britischer Produkte aus Deutschland einen negativen Stempel aufdrücken. Schon bald aber wurde das Made in Germany zum Garant für qualitativ hochwertige Waren. Die Basis für den Exportweltmeister Deutschland war gelegt. [1]

Made in Germany gilt auch heute noch als Inbegriff hoher Qualität und bester Ware. Vor allem in Asien hält sich diese Meinung. Deutsche Autos und deutsche Ingenieure gelten nach wie vor als die besten der Welt. Und auch im Inland sind die meisten Verbraucher der Ansicht, dass Made in Germany mit hoher Qualität gleichbedeutend ist. (1)

Dabei handelt es sich bei Made in Germany um keinen handelspolitisch geschützten Begriff, d. h. es ist nicht als Warenzeichen oder eingetragenes Siegel registriert. Trotzdem kann nicht einfach jedes x-beliebige Produkt damit ausgezeichnet werden. Denn eine rechtliche Überprüfung ist jederzeit möglich und nur wenn konkrete Voraussetzungen erfüllt sind, ist die Kennzeichnung erlaubt. Ist eine Ware vollständig in Deutschland hergestellt, so ist das Label selbstverständlich rechtens. In der heutigen globalen Wirtschaftsstruktur werden aber häufig Rohmaterialien oder Baugruppen von Zulieferern eingekauft, die im Ausland produzieren. Das Made in Germany darf deshalb nur verwendet werden, wenn das betreffende Erzeugnis zumindest eine für die Produktqualität entscheidende Behandlung in Deutschland erfahren hat. Die zollrechtliche Definition des Ursprungslandes, wonach die letzte wesentliche und wirtschaftlich gerechtfertigte Be- und Verarbeitung in Deutschland stattgefunden haben muss, reicht hier nicht aus, um dem deutschen Wettbewerbsrecht zu genügen. (2)

Nachweis wird wichtiger

Unternehmen, die sich offen zum Standort Deutschland bekennen und an Qualität Made in Germany glauben, stehen häufig vor dem Problem, wie diese Grundhaltung beim Verbraucher werbetechisch eingesetzt werden kann. Vor allem im Inland ist eine Herkunftskennzeichnung, außer bei Lebensmitteln, nicht zwingend erforderlich und wird deshalb eher selten vorgenommen. Es gibt mittlerweile aber zwei Initiativen, die dem Made in Germany einen offiziellen Rahmen geben können. (3)

Beim TÜV Nord kann man den Herkunftsnachweis Made in Germany nun zertifizieren lassen. Im Februar 2010 wurde das erste Made-in-Germany-TÜV-Siegel einer Enteisungsanlage für LKW der Firma Günzburger Steigtechnik verliehen. Voraussetzung für das Zertifikat, das nur an Produkte oder Produktgruppen verliehen wird, ist eine Wertschöpfungstiefe von mindestens 50 Prozent in Deutschland. Leistungen von deutschen Lieferanten können zu 50 Prozent angerechnet werden. Zusätzlich wird geprüft, ob allen Sicherheitsanforderungen entsprochen wird und ob das Unternehmen nachweislich an der Schaffung und dem Erhalt von Arbeitsplätzen im Inland interessiert ist. Herangezogen werden dazu die entsprechenden Unterlagen der vergangen drei Geschäftsjahre. (4), (5)

Die zweite Initiative nennt sich Ja zu Deutschland. Auf der Internetseite www.ja-zu-deutschland.de können sich deutsche Hersteller mit ihrem Produktportfolio eintragen lassen. Für Verbraucher, die nach deutschen Herstellern von bestimmten Produkten suchen, stehen die Herstellerangaben über Suchmasken zur Verfügung. Rund 700 Firmen waren im März 2010 bereits gelistet. Will man mit der Marke Ja zu Deutschland - Produkt Made in Germany werben, muss mit der Initiative ein Lizenzvertrag geschlossen werden. Im Rahmen des Lizenzverfahrens wird geprüft, ob das Produkt den Herkunftskriterien entspricht. (6)

Exportschlager Made in Germany

Obwohl uns China den Titel Exportweltmeister mittlerweile abgenommen hat - die deutsche Wirtschaft ist nach wie vor in hohem Maße vom Export seiner Produkte abhängig. Rund 1 000 Milliarden Euro waren 2009 die Produkte wert, die deutsche Unternehmen an Abnehmer im Ausland verkauften. Damit erwirtschafteten sie fast die Hälfte des gesamten Bruttoinlandsprodukts, obwohl die Verkäufe durch die Wirtschaftskrise drastisch zurückgegangen waren. Trotzdem sorgte die hohe Exportrate dafür, dass Deutschlands Wirtschaft überraschend gut durch die Krise kam. Von den europäischen Nachbarn mussten wir dafür böse Vorwürfe einstecken. (7), (8)

Doch die Qualität der Produkte in Verbindung mit wettbewerbsfähigen Preisen, die in hohem Maße der tarifpolitischen Vernunft der deutschen Arbeitnehmer in den vergangenen Jahren geschuldet sind, garantieren den Erfolg im globalen Markt. Dazu kommen Innovationsvorsprünge vor allem im Bereich der Umwelttechnik sowie im Maschinen- und Fahrzeugbau, die vom Ausland erst aufgeholt werden müssen. Zudem sind deutsche Unternehmen, zunehmend auch aus dem Mittelstand, auf den offenen Weltmärkten gut vertreten und überaus aktiv. (8)

Dabei gelangen immer mehr Unternehmen zu der Erkenntnis, dass die Produktion am Standort Deutschland trotz vergleichsweise hoher Löhne wesentliche Vorteile hat. Von den Qualitätsunterschieden wurde bereits berichtet. Zudem können Produktionsbetriebe ihre Kapazitäten wesentlich flexibler nutzen, wenn sich diese im Inland befinden. Lange Transportwege entfallen, die Koordinierung ist wesentlich einfacher und im Inland gibt es keine Verzögerungen durch Zollverfahren oder ähnliches. Auch steigen mittlerweile die Lohnkosten in den vormals günstigen Schwellenländern an, was die bisherigen Kostenvorteile schnell schmelzen lässt. (9), (10)

Trends

Die Verlagerungsquote von Produktionsprozessen ins Ausland ist in den vergangenen beiden Jahren um 40 Prozent zurückgegangen. Außerdem kommen immer mehr Fertigungsprozesse nach Deutschland zurück. Die Rückkehrerquote liegt derzeit bei eins zu drei, bei Kleinunternehmen gar bei eins zu zwei. Dies dürfte ein Hinweis darauf sein, dass immer mehr Unternehmen zu der Erkenntnis gelangen, dass die Vorteile einer Produktion im Inland trotz hoher Löhne überwiegen. Denn die Ausbildung der Fachkräfte ist gut und gestreikt wird hierzulande auch relativ wenig. (10)

Langfristig ist zu erwarten, dass das Resultat der Globalisierung eine Annäherung der weltweiten Gehaltsstrukturen sein wird. Dadurch verschwindet der Lohnkostenvorteil der Billiglohnländer und die Produktion in Deutschland wird umso attraktiver. Allerdings muss es Deutschland gelingen, trotz schrumpfender Bevölkerungszahlen für hoch qualifiziertes Personal zu sorgen. Wenn es die deutschen Unternehmen auch weiterhin verstehen, die Ideen und Innovationskraft ihrer Mitarbeiter in qualitativ hochwertige, interessante Produkte umzusetzen, dürfte die Marke Made in Germany auch weiterhin ein Wettbewerbsvorteil bleiben. Die Zertifizierung und damit die Nutzung eines Siegels zu

Werbezwecken dürfte die Verkaufsbemühungen weiter unterstützen. (8)

Fallbeispiele

Hansgrohe zählt weltweit zu den führenden Marken über alle Produktbereiche hinweg. Das Design der Hansgrohe Armaturen ist so einzigartig, dass es sich kaum ein Luxushotel leistet, darauf zu verzichten. Und obwohl Hansgrohe 80 Prozent seines Umsatzes im Ausland erzielt, findet 80 Prozent der Produktion in Deutschland statt. Vor einem Jahr erst eröffnete Hansgrohe ein neues Armaturenwerk in Offenburg. (11)

Das Goldene M ist ein Siegel für qualitätsgeprüfte Möbel, das von der Deutschen Gütegemeinschaft Möbel vergeben wird. Den strengen Anforderungen entsprechen vor allem Hersteller aus Deutschland - ausländische Möbel haben oft Probleme mit den Sicherheits- und Umweltbedingungen oder den Tests auf Langlebigkeit und Sicherheit. So ist denn der Verband der Deutschen Möbelindustrie (VDM) überzeugt, dass Deutsche Möbel qualitativ die besten weltweit sind. (12)

Weiterführende Literatur

(1) Ein Siegel mit großem Nutzen
aus Süddeutsche Zeitung, 24.03.2010, Ausgabe Deutschland, Bayern, München, S. 25

(2) "Made in Germany - Herkunftsbezeichnung und Qualitätsbegriff"
aus Süddeutsche Zeitung, 24.03.2010, Ausgabe Deutschland, Bayern, München, S. 25

(3) WIE SICH DEUTSCHE UNTERNEHMEN AUF DEM WELTMARKT BEHAUPTEN Qualität künftig nicht selbstverständlich!
aus QZ Qualität und Zuverlässigkeit, Heft 3/2010, S. 18-20

(4) Günzburger Steigtechnik Neues Zertifikat bestätigt Verankerung in Deutschland
aus MM MaschinenMarkt Nr. 009 vom 01.03.2010 Seite 010

(5) Zertifizierung - Zertifizierter Herkunftsnachweis: "Made in Germany" wird von TÜV NORD CERT bestätigt
aus MM MaschinenMarkt Nr. 009 vom 01.03.2010 Seite 010

(6) Made-in-Germany Siegel
aus MM MaschinenMarkt Nr. 009 vom 01.03.2010 Seite 010

(7) Auslandsnachfrage
aus Süddeutsche Zeitung, 11.03.2010, Ausgabe

Deutschland, Bayern, München, S. 2

(8) Wir können nicht anders
aus Welt am Sonntag, 21.03.2010, Nr. 12, S. 25

(9) Heimweh nach Deutschland "Made in Germany" liegt unfreiwillig wieder im Trend: Viele Mittelständler haben ihre Produktion krisenbedingt rasch gesenkt und dabei vor allem Standorte im Ausland verkleinert oder geschlossen. Davon profitieren die Kapazitäten hierzulande.
aus Financial Times Deutschland vom 05.02.2010, Seite 1SA01

(10) Der Teddy kehrt heim
aus Süddeutsche Zeitung, 24.03.2010, Ausgabe Deutschland, Bayern, München, S. 25

(11) Punkten mit "Made in Germany"
aus Süddeutsche Zeitung, 11.01.2010, Ausgabe Deutschland, Bayern, München, S. 20

(12) Dieses Sofa stinkt nicht Deutsche Hersteller von Qualitätsmöbeln wehren sich gegen die billige Konkurrenz. Mit einem Siegel werben sie für schadstofffreie und sichere Produkte
aus DIE WELT, 19.01.2010, Nr. 15, S. 12

Impressum

Made in Germany - Qualität ist immer noch ein Wettbewerbsvorteil für Deutschland

Bibliografische Information der deutschen Nationalbibliothek

Die Deutsche Nationalbibliothek verzeichnet diese Publikation in der deutschen Nationalbibliografie; detaillierte bibliografische Daten sind im Internet über http://dnb.d-nb.de abrufbar.

ISBN: 978-3-7379-1105-4

© 2015 GBI-Genios Deutsche Wirtschaftsdatenbank GmbH, Freischützstraße 96, 81927 München, www.genios.de

Alle Rechte vorbehalten. Dieses Werk ist einschließlich aller seiner Teile – z.B. Texte, Tabellen und Grafiken - urheberrechtlich geschützt. Jede Verwertung außerhalb der Grenzen des Urheberrechtsgesetzes bedarf der vorherigen Zustimmung des Verlags. Dies gilt insbesondere auch für auszugsweise Nachdrucke, fotomechanische Vervielfältigungen (Fotokopie/Mikroskopie), Übersetzungen, Auswertungen durch Datenbanken oder ähnliche Einrichtungen und die Einspeicherung und Verarbeitung in elektronischen Systemen.